Profilo LinkedIN – successo

Crea un profilo LinkedIN eccezionale e vinci i clienti, gli investitori o i datori di lavoro con esso

Anton C. Huber

© 2020, Anton C. Huber, 2eme Edition

Edition : BoD - Books on Demand

12/14 rond-point des Champs Elysées

75008 Paris

Imprimé par BoD – Books on Demand, Norderstedt

ISBN: 978-2-3222-5813-0

Dépôt légal : 11/2020

Introduzione

Utilizzando questo libro, accetti in pieno queste condizioni.

Nessuna indicazione

Il libro contiene informazioni. L'informazione non è un'indicazione e non dovrebbe essere recepita come tale.

Se pensi di avere una malattia dovresti consultare immediatamente il medico. Non ritardare, trascurare o seguire mai in maniera discontinua le indicazioni del medico a causa delle informazioni del libro.

Nessuna rappresentanza o garanzia

Escludiamo nella misura massima della legge applicabile alla sezione sottostante ogni rappresentanza, garanzia e iniziativa relativa al libro.

Fatta salva la generalità del paragrafo precedente, non rappresentiamo, garantiamo e non ci impegniamo o assicuriamo:

- che le informazioni contenute nel libro siano corrette, accurate, complete o non ingannevoli;
- che l'uso della guida nel libro porterà particolari risultati.

Limitazioni ed esclusioni di responsabilità

Le limitazioni ed esclusioni della responsabilità descritte in questa sezione e altrove in questo disclaimer: sono soggette alla sezione 6 sottostante; impediscono tutte le responsabilità derivanti dal disclaimer o relative al libro, incluse le responsabilità inerenti al contratto, a illeciti civili o per violazione degli obblighi di legge.

Non siamo responsabili di qualsiasi perdite o eventi che vanno oltre il nostro controllo.

Non siamo responsabili riguardo a perdite economiche, perdite o danni a guadagni, reddito, utilizzo, produzione, risparmi, affari, contratti, opportunità commerciali o favori.

Non siamo responsabili riguardo a qualsiasi perdita o danneggiamento di qualsiasi dato, database o programma.

Non siamo responsabili riguardo a qualsiasi particolare perdita o danno indiretto o conseguente.

Eccezioni

In questo disclaimer niente può: limitare o escludere la nostra responsabilità di morte o lesione personale causata da negligenza; limitare o escludere la nostra responsabilità per frode o false dichiarazioni; limitare le nostre responsabilità in qualsiasi modo vietato dalla legge; o escludere le nostre responsabilità che non possono essere escluse dalla legge.

Separabilità

Se una sezione di questo disclaimer è giudicata illegale e/o inapplicabile dalle autorità competenti, le altre sezioni continuano ad essere valide.

Se qualsiasi sezione illegale e/o inapplicabile sarebbe legale o applicabile cancellandone una parte, verrà considerata la possibilità di cancellare quella parte e il resto della sezione continuerà ad essere valida.

Legge e giurisdizione

Questo disclaimer sarà disciplinato e intepretata conformementedalla legge svizzera, e ogni disputa relativa a questo disclaimer sarà soggetta all'esclusiva giurisdizione dei tribunali della Svizzera.

Introduzione 9

Che cosa è LinkedIN e come funziona? 12

I tuoi obiettivi con LinkedIN 18

Creare un account utente 23

I primi passi con il tuo nuovo profilo 24

   L'immagine del profilo 25

   Dati di base 28

   Esperienze professionali 32

   Informazioni addizionali 35

   Educazione 37

   Sommario 37

   Conoscenze e conferma 38

   Lingue 39

   Esperienze di volontariato e attività di volontariato, » enti di beneficenza che ti sono cari« e »organizzazioni che supporti« 40

   Organizzazioni, distinzioni, risultati degli esami e corsi, certificati e diplomi 41

   Brevetti 42

   Progetti e Pubblicazioni 42

Interessi, informazioni personali e consigli per avvicinarsi agli altri 43

Impostazioni e riservatezza dei dati 44

Personalizzare il tuo profilo 46

Introduzione

Caro lettore,

Sebbene XING (precedentemente noto come openBC) sia la misura di tutte le cose nella zona di lingua tedesca, anche LinkedIN sta diventando sempre più importante qui e (anche) fuori le aziende internazionali. Indipendentemente dal fatto che tu sia alla ricerca di un impiego di tipo internazionale, desideri scambiare opinioni professionali, o se sei interessato a società internazionali che ti considerano per lavori nella tua zona. Ci sono infinite ragioni per unirti a LinkedIN.

Allo stesso tempo, però, si deve essere consapevoli del fatto che un profilo trasandato, obsoleto o cattivo, come in qualsiasi altra rete che vada da XING a Facebook fino alla zona membri del business club locale, è altrettanto dannoso per i propri affari come se fosse una vetrina piena di ragnatele. Soprattutto su LinkedIN, vedo continuamente profili del tutto obsoleti di persone che hanno un account su XING che sono tutti »nastrini e perline«. È qui che la Ferrari è parcheggiata accanto ad un limone ed è così che viene anche elencato su Google.

I profili di LinkedIn offrono un gran numero di possibilità e opzioni. Per gli utenti esperti questo si traduce in un valore aggiunto significativo. I principianti, tuttavia, sono spesso già completamente scoraggiati con la creazione di un profilo e quindi sprecano una grande quantità di occasioni.

In questo libro ti mostrerò diverse possibilità per la configurazione del tuo profilo. Se segui il libro, non avrai solamente un profilo completo alla fine. L'obiettivo è piuttosto quello di creare un profilo eccezionale che, a seconda dei tuoi obiettivi, ti aiuterà a vincere il lavoro dei tuoi sogni, il contatto dei tuoi sogni o il cliente dei tuoi sogni e che diventerà una vetrina efficace per la tua persona e la tua offerta.

Ti auguro di avere successo con il tuo profilo di LinkedIN

Anton C. Huber

Che cosa è LinkedIN e come funziona?

Molte persone hanno già sentito parlare di piattaforme come XING o LinkedIN. Hanno sentito parlare, letto e potrebbero avere già creato un account. Quando hanno notato di non aver improvvisamente ottenuto migliaia di nuove richieste dei clienti, hanno ridotto le proprie attività su tale piattaforma.

Ma probabilmente tu sei tra coloro che non sono mai stati su LinkedIN e che non hanno idea di ciò che questa piattaforma sia.

Quando si tratta di descrivere LinkedIN, molte persone ricorrono a confronti con Facebook. LinkedIN viene descritto come una sorta di Facebook per il business. Ciò non corrisponde completamente alla realtà e ci sono alcune differenze fondamentali.

Il fatto è che LinkedIn, è una comunità che contava 364 milioni di utenti nel mese di marzo 2015. Questo numero è paragonabile al numero della metà delle persone che vivono in Europa (e non solo in Europa). Gli utenti provengono principalmente dai seguenti paesi: (A partire da gennaio 2014)

Paese	Utenti LinkedIN	Penetrazione di mercato
USA	93 m.	29.9%
India	24 m.	2.02%
Brasile	16 m.	7.69%

Gran Bretagna	14 m.	22.41%
Canada	9 m.	25.82%
Francia	7 m.	9.91%
Spagna	6 m.	11.54%
Italia	6 m.	9.88%
Messico	6 m.	4.72%
Australia	5 m.	23.88%

Se una persona poi sa che studi statistici hanno dimostrato che l'utente medio di LinkedIn, negli Stati Uniti, ha un reddito familiare annuo di 100'000 US$, può cominciare ad immaginare l'enorme mercato che LinkedIn copre. Ciò vuol dire che LinkedIn è molto più grande di qualsiasi altro sito di business networking.

Se si concepisce LinkedIN solo come una sorta di versione elettronica delle »pagine gialle«, ciò sarebbe indubbiamente troppo riduttivo. Infatti, con LinkedIN le persone hanno sempre la priorità. Le aziende sono solo al secondo posto. Queste persone, tuttavia, hanno vari attributi. Possono lavorare per nessuna, una o più società, hanno un passato con un percorso di carriera, hanno preso parte a corsi di formazione e hanno raggiunto degli obiettivi. Oltre a ciò, potrebbero essere stati assunti (ad esempio volontariamente), in una o più organizzazioni, sono interessati a determinati argomenti, etc.

LinkedIN presenta tutti questi aspetti e fornisce agli utenti la possibilità di coltivare il proprio network su diversi livelli.

Per cosa viene utilizzato LinkedIN? Gli utenti di LinkedIn in realtà hanno obiettivi completamente diversi con i quali si connettono con la propria presenza sulla piattaforma. Alcuni di questi sono:

- Tenersi in contatto con i vecchi contatti.
- Vincere nuovi contatti (per lo scambio con persone con gli stessi interessi, per gli obiettivi professionali, per vincere dei clienti, ...)
- Ricerca di un nuovo lavoro.
- Reclutamento di dipendenti.
- Prospettive vincenti e clienti.
- Vincere partner commerciali.
- Scambio con professionisti ed esperti circa i »miei« argomenti.

Tutti questi e molti altri scopi possono essere raggiunti senza dubbio unendosi a LinkedIN (anche con la versione base gratuita). Il requisito per questo è sempre quello di documentare le tue competenze, ma anche la tua serietà per la tua versione virtuale con l'aiuto di un profilo LinkedIN professionalmente impostato.

I tuoi obiettivi con LinkedIN

Prima di iniziare a creare un profilo, è necessario essere a conoscenza di alcune cose. La creazione di un profilo di successo ha bisogno di un po' di pianificazione. Molte persone semplicemente compilano tutti i campi con un testo appropriato e poi lasciano fare al caso. Che altro si può fare dopotutto, ti chiederai?

Qui, infatti, si trova l'errore più comune con l'utilizzo di un profilo Internet, indipendentemente dal fatto che sia su Facebook, XING, LinkedIn o qualsiasi altra piattaforma della comunità. Che è come se una società dovesse guidare ad un equo e giusto pacchetto tutto quello che c'è in ufficio. Questa non avrebbe quasi nessun successo perché anche potenziali prospettive non sarebbero percepite come fornitori seri.

Coloro che vogliono avere un particolare successo, devono porsi degli obiettivi o come Seneca disse una volta: »Per coloro che non conoscono il porto verso cui si vuole navigare, nessun vento è quello giusto.« In base agli obiettivi che persegui, probabilmente enfatizzerai alcuni argomenti del tuo profilo e ne lascerai fuori degli altri. Vediamo alcuni esempi:

- Se vuoi conseguire un nuovo lavoro come manager in una società IT su LinkedIN, probabilmente non menzionerai particolarmente il fatto che hai vinto una gara di cucina dieci anni fa. Ma se sei alla ricerca di nuovi clienti per il tuo nuovo ristorante, probabilmente lo farai.

- Se desideri presentarti come esperto per la riqualificazione delle imprese, probabilmente non parlerai tanto dei tuoi ultimi cinque clienti, che tutto è andato in bancarotta, e del fatto che tutti e cinque sono stati rintrodotti con successo.

- Se desideri farti assumere come allenatore di burnout, probabilmente sceglierai un'immagine di profilo diversa da quella che sceglieresti se fossi alla ricerca di un nuovo lavoro come consulente privato in una banca rispettabile.

Questi sono solo alcuni dei temi più evidenti. Ce n'è una quantità enorme di ulteriori.

Pertanto, definisci chiaramente cosa disideri raggiungere con la tua presenza su LinkedIn.

Si tratta di posizionare te stesso. Guarda te stesso dal di fuori e prova a vedere te stesso come un prodotto che il tuo gruppo target (clienti, datori di lavoro, soci,...) percepiscono. Proprio da questo punto di vista è necessario selezionare quello che vuoi includere nel tuo profilo e che cosa omettere o almeno affrontare soltanto in breve. Con questo, però, non si dovrebbe né mentire né esagerare spudoratamente.

Sii sempre consapevole del fatto che molte persone sono in grado di leggere il tuo profilo: amici, colleghi di lavoro, il tuo datore di lavoro attuale, il tuo futuro datore di lavoro, clienti e nessuno sa chi potrà farlo in futuro. Dovresti pianificare le tue voci di conseguenza.

Ora che hai impostato i tuoi obiettivi, creiamo insieme il nuovo account LinkedIN. Se ne hai già uno, salta i primi passi e tornaci quando ti farà comodo.

Creare un account utente

Se crei un nuovo account, ti verrà chiesto, tra le altre cose, di sfogliare i contatti al fine di costruire direttamente una rete di contatti. Il mio consiglio: Aspetta prima di farlo. È possibile recuperare il ritardo su questo in qualsiasi momento. Seleziona che desideri ignorare questi dettagli e configura in primo luogo un account nel modo in cui lo desideri vedere. Non parteciperesti mai ad una festa prima di esserti vestito in un certo modo, dopo tutto.

Se è la tua prima volta su LinkedIn, la varietà di campi ti confonderà un po'. Ovviamente ha senso guardarsi un po' in giro, ma aspetta prima di iscriverti a qualcosa o inserire alcuni dati.

I primi passi con il tuo nuovo profilo

Se selezioni la scelta »modifica profilo« nella barra dei menu nella scheda »profilo«, vedrai la seguente immagine:

Se selezioni la scelta »modifica profilo« nella barra dei menu nella scheda »profilo«, vedrai la seguente immagine:

Il tuo nome, il tuo luogo di residenza e la descrizione del lavoro sono già acquisiti. Adesso procediamo in modo strutturato e cominciamo con l'aggiunta dei dati più importanti:

L'immagine del profilo

LinkedIn sottolinea il fatto che gli utenti con una foto del profilo generino undici volte più visualizzazioni rispetto agli utenti senza una foto. Pertanto, un'immagine è un elemento importante dove però molti errori possono essere compiuti:

- Seleziona un'immagine professionale. Istantanee da album di famiglia, foto tessere e foto del tempo libero non hanno posto qui.
- Non scegliere una foto di tutto il corpo, ma una con solamente la parte superiore del tuo corpo o la tua testa.
- Nella foto volgi lo sguardo verso lo spettatore (direzione di visualizzazione) e costruisci un »rapporto«.
- Gira la testa leggermente verso sinistra quando viene scattata la foto. Con questo puoi ottenere un allineamento dell'immagine verso sinistra. Gli psicologi hanno scoperto che questo è inconsciamente valutato come lungimirante e positivo.

- Scegli una foto con una risoluzione adeguata.

- Quando carichi la foto, valuta se l'immagine supporta il tuo obiettivo, se no, scegline un'altra.

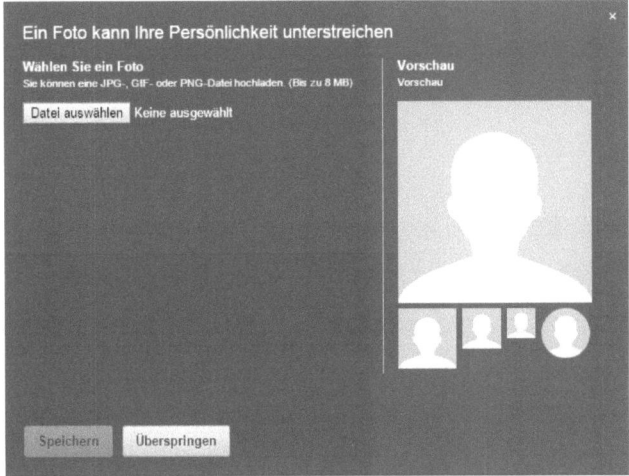

Dati di base

Nei dati di base, quindi, nei riquadri che sono direttamente accanto alla foto, avrai la prima possibilità di presentare specificamente te stesso. Mi limiterò a prendere in considerazione quei campi in cui possono essere fatti errori o nei quali potresti rimanere bloccato.

Cognome e nome devono essere scritti in modo che corrispondano al tuo obiettivo. Se i soprannomi siano adatti o meno dipende dal fatto che si è conosciuti anche con questi in un contesto di business.

Lo **slogan del profilo** è di solito la tua designazione attuale di lavoro. Questo spesso non è molto produttivo. Naturalmente, è possibile scrivere »Key Account Manager« o amministratore delegato - ma entrambe le dichiarazioni non porteranno alcun beneficio per esempio in una visualizzazione dei risultati di ricerca. Scrivi sempre sul tuo profilo dal punto di vista del lettore e basati sui benefici.

Dichiararsi come »esperto per la distribuzione di soluzioni di alta qualità«, soprattutto quando si è alla ricerca di un nuovo lavoro in quel campo, può essere più significativo di key account manager e un direttore generale può probabilmente mettere in primo piano il proprio prodotto con: »CEO - i nostri prodotti software rendono le piccole imprese più di successo.«

Una possibilità interessante è anche quella di inserire qui la propria »Elevator Pitch«. La dichiarazione deve semplicemente essere abbinata al tuo obiettivo.

Interessante anche l'icona accanto all'**URL** che collega al tuo profilo. Da un lato, si ha la possibilità di vedere come i visitatori vedono il tuo profilo e, dall'altro lato, hai anche l'opportunità di creare un URL diretto. Questo è utile se desideri utilizzarlo su biglietti da visita o da qualche altra parte in relazioni d'affari. Si noti che non sono ammessi caratteri speciali. Sullo stesso profilo è possibile configurare **le opzioni per la visualizzazione del proprio profilo pubblico.**

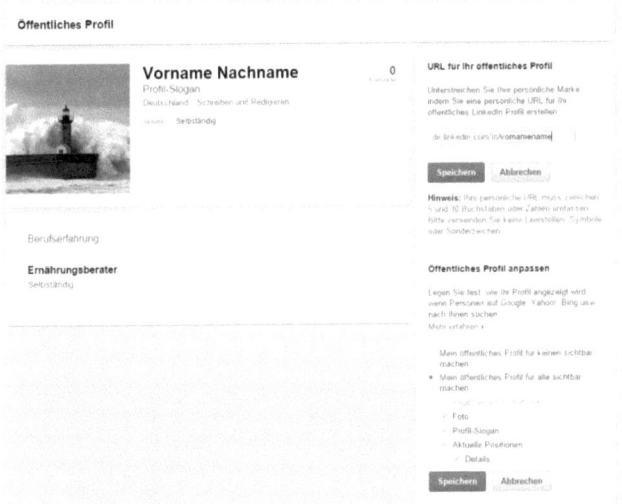

Immediatamente accanto all'URL c'è l'accesso alla configurazione dei propri dati di contatto visibili pubblicamente. Se desideri aggiungere qui un account twitter e un sito web, dovresti chiederti se, ed in quale misura, questi corrispondono con l'obiettivo che stai perseguendo con questo profilo. Se possiedi un profilo Twitter in cui parli delle tue esperienze di viaggio, è probabilmente una cosa che non ha attinenza con le tue prospettive. Inoltre, chiediti se, e in quale misura, desideri rendere accessibile a tutti il tuo telefono ed il tuo indirizzo. Ciò dovrebbe essere deciso consapevolmente.

Fügen Sie Ihrem Profil einen Abschnitt hinzu – und finden Sie relevantere Berufschancen

Esperienze professionali

Le esperienze professionali possono essere presentate in diversi modi. Dapprima, è importante che l'ordine sia dalle nuove alle vecchie. Questo significa che viene messa in cima alla lista la maggiore esperienza di lavoro in corso perché dice più su di te.

Scegli preferibilmente informazioni espressive e utilizza la descrizione per dare al lettore una visione sintetica di quello che hai fatto in questo lavoro e ciò che hai raggiunto. Attenzione: Nota di non pubblicare dati confidenziali sul tuo datore di lavoro. Una dichiarazione come - »è stato concluso un ordine di 1 m. € con la società X «può portare a dei problemi.

È sempre da osservare se quello che scrivi è strutturato e leggibile. Non iniziare a »chiacchierare«.

Lavora anche con degli allegati. Con questi si ha la possibilità di incorporare importanti dati supplementari. Illustra il tuo profilo con immagini, documenti, link o anche con video e presentazioni. In questo modo potrai risaltare positivamente tra gli altri profili.

Berufserfahrung   + Hinzufügen

Berufs-Titel
Selbständig
Januar 2010 – Heute (5 Jahre 6 Monate) | Berufs-Ort
Beschreibung

Dokument   Foto   Link   Video   Präsentation

Position hinzufügen

aquilaba

"Suche nicht nach Fehlern, suche nach Lösungen."

Henry Ford

Una possibilità che mi piace usare (anche in altre community) è quella di visualizzare i dati centrali con una foto. Per questo io uso "Pablo", un progetto di Buffer (https://buffer.com/pablo). Ma ci sono anche altri siti simili.

Informazioni addizionali

Con questo abbiamo trattato solo i dati di base. Un sacco di informazioni aggiuntive, che devono essere completate come requisito, sono a nostra disposizione. Con qualunque informazione, chiediti sempre come queste sostengono il tuo obiettivo definito.

Fügen Sie Ihrem Profil einen Abschnitt hinzu – und finden Sie relevantere Berufschancen.

Ausbildung
Mitglieder, die ihre Ausbildungsstätte angeben, erzielen 7 Mal mehr Profilaufrufe.

Ausbildungsstätte hinzufügen

Zusammenfassung
Mit einer Zusammenfassung können Sie Ihre Qualifikationen und Interessen gezielt hervorheben.

Zusammenfassung hinzufügen

Kenntnisse
Mitglieder, die ihre Kenntnisse angeben, erzielen 4 Mal mehr Profilaufrufe.

Kenntnisse hinzufügen

Sprache
Dies könnte Ihnen dabei helfen, eine neue Stelle zu finden, befördert oder ins Ausland versetzt zu werden.

Sprache hinzufügen

Ehrenamtliche Erfahrung
Ehrenamtliches Engagement spielt bei der Kandidatenwahl oft eine Rolle.

Ehrenamtliche Erfahrung hinzufügen

Ehrenamtliche Tätigkeiten
Eine Non-Profit-Organisation könnte genau jemanden wie Sie suchen.

Ehrenamtliche Tätigkeit hinzufügen

Organisationen
Zeigen Sie mit den Organisationen, die Sie unterstützen, wer Sie sind.

Organisationen hinzufügen

Auszeichnungen
Machen Sie auf Ihre Leistungen und Verdienste aufmerksam.

Auszeichnungen und Preise hinzufügen

Prüfungsergebnisse
Eine weitere Möglichkeit, Ihre Leistungen zu unterstreichen.

Prüfungsergebnisse hinzufügen

Kurse
Ausführlichere Angaben zu Ihrer Ausbildung erhöhen Ihre beruflichen Chancen.

Kurse hinzufügen

Patente
Zeigen Sie Ihre Innovationskraft und Ihr Fachwissen.

Gute Zwecke, die Ihnen am Herzen liegen
Geben Sie an, welche guten Zwecke

Educazione

Cita solo l'istruzione rilevante. Se hai un diploma universitario o qualcosa di simile, non è necessario indicare quale scuola hai frequentato a 5 anni, a meno che il tuo obiettivo non sia quello di far rivivere i tuoi vecchi contatti. L'ordine dovrebbe essere anche per questo dal nuovo al vecchio. Decidi se indicare i tuoi voti finali sia una mossa appropriata. Anche con ciò vale la seguente: conciso e chiaro.

Sommario

Qui puoi per così dire inserire un »sommario di gestione« della tua vita. Naturalmente è anche possibile utilizzare la casella per comunicare il tuo obiettivo specifico in modo appropriato.

Conoscenze e conferma

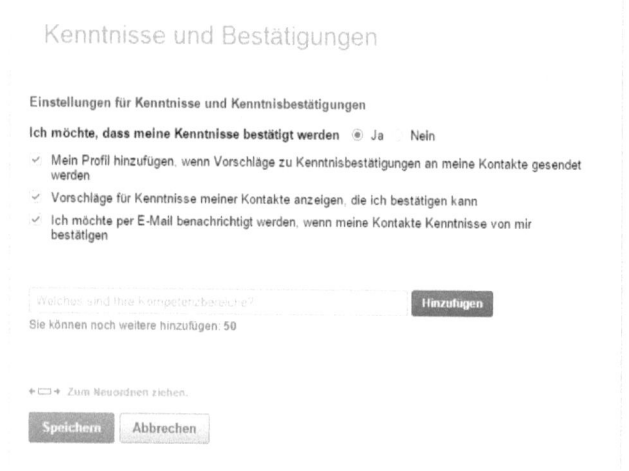

In questi campi è possibile indicare le tue competenze e le tue conoscenze che sono particolarmente importanti per te. Questo può contenere fino a 50 elementi. Ma ancora una volta, mantieni i tuoi obiettivi in mente.

Potrebbe essere piacevole per i tuoi vicini ed i tuoi amici sapere che sei un pitmaster, ma ciò ti farà ottenere un nuovo lavoro più facilmente? In aggiunta, puoi anche decidere se i tuoi contatti siano in grado di confermare le tue abilità. Queste sarebbero quindi brevi testimonianze. Ma, tieni presente che l'effetto individuale delle capacità diminuisce con l'aumento delle capacità menzionate.

Lingue

Solo due colonne di campi sono a tua disposizione in questa sezione. Una si chiama »lingua« e l'altra è destinata alla selezione di una specifica gamma di livelli. Ha senso iniziare con le tue migliori competenze e parlare di ulteriori competenze in ordine decrescente. A seconda dello scopo, può essere utile distinguere possibilmente tra »inglese parlato« e »inglese scritto« o se hai un vocabolario specifico che si armonizza con il tuo obiettivo, potresti ad esempio anche elencare »inglese commerciale« o »inglese medievale« separatamente.

Esperienze di volontariato e attività di volontariato, » enti di beneficenza che ti sono cari« e »organizzazioni che supporti«

Qui puoi citare le tue esperienze come volontario. Ma ancora una volta: tieni i tuoi obiettivi definiti in mente. Con le attività di volontariato puoi offrire di intraprendere attività in determinati campi. In »enti di beneficenza che ti sono cari« e

»organizzazioni che supporti« è possibile specificare ulteriori dettagli.

Organizzazioni, distinzioni, risultati degli esami e corsi, certificati e diplomi

Se sei attivo in un'organizzazione o hai un ufficio, allora questa è la posizione giusta per dirlo, se ciò corrisponde ai tuoi obiettivi. Lo stesso vale per le distinzioni ottenute, i risultati degli esami e dei corsi.

Attenzione: Se elenchi migliaia di voci, potresti deviare l'attenzione lontano dalle informazioni più significative del tuo profilo.

Brevetti

Qui puoi inserire sia i brevetti già registrati che brevetti che sono ancora in fase di registrazione e in aggiunta a questo, come richiedono le circostanze, i membri del team associati. Non fare ciò prima che il tuo profilo sia presentabile.

Progetti e Pubblicazioni

In questo campo è possibile elencare alcuni progetti significativi (non troppi) e collegarli ai profili degli altri interessati. Inoltre, dovresti notare che alcuni dati potrebbero essere riservati e potrebbero pertanto non essere pubblicabili. Lo stesso vale per le pubblicazioni.

Interessi, informazioni personali e consigli per avvicinarsi agli altri

Si noti che le informazioni riportate qui dovrebbero essere pertinenti con il tuo obiettivo e devi solamente rivelare ciò che vuoi veramente rendere pubblico.

Impostazioni e riservatezza dei dati

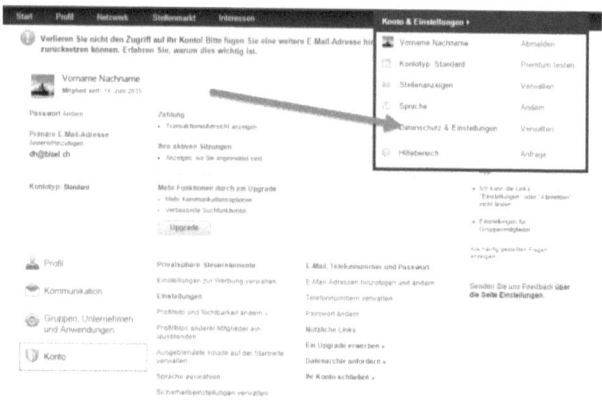

Nella voce di menu »account e impostazioni« puoi trovare le impostazioni sulla privacy. Qui è possibile regolare esattamente quali informazioni desideri rendere disponibili agli altri, ma anche quali informazioni consenti a LinkedIN di inviarti.

Inoltre, un'opzione importante è che si può inserire un secondo indirizzo e-mail con il quale è possibile, se necessario, effettuare il login anche quando, per esempio a causa di un cambiamento di lavoro, non si possiede più l'accesso principale.

Personalizzare il tuo profilo

Un modo semplice e tuttavia molto efficace per ottimizzare il proprio profilo è la possibilità di mettere un'immagine di sfondo nella parte superiore dell'immagine.

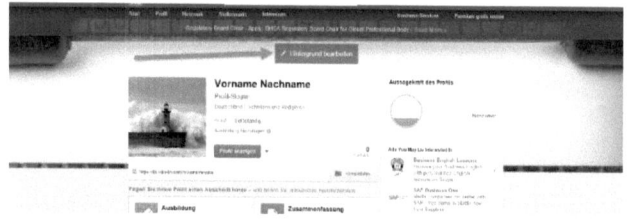

Con ciò però, presta attenzione al fatto che corrisponda al tuo scopo. Se non hai un'immagine a portata di mano (attenzione: bada al copyright), è possibile trovare una varietà di opzioni di design su www.canva.com. Alcune delle immagini utilizzate sono gratis, il resto di solito costano circa $ 1US che non è poi tanto.